Jutta Diekmann

Frisuren für Prinzessinnen

Wie geht welcher Zopf?

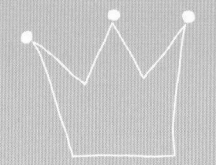

INHALT

Hallo, du Hübsche!

Bestimmt hast du schon die Frisuren der Stars in einer Zeitschrift bestaunt und dabei gedacht: „Das möchte ich auch können!" Aber wie soll man nur anfangen? Ich freue mich, dir in diesem Buch wunderschöne Frisuren vorzustellen, die Schritt für Schritt einfach nachzumachen sind. Frisiere deine beste Freundin oder lass dich von deiner Mama für einen großen Auftritt stylen. Knoten, Kranz oder Pferdeschwanz — welche Frisur möchtest du heute? Stell dir nur vor, wie alle staunen werden, wenn du zur Ballettaufführung mit einem pompösen Dutt kommst.

Mit diesem Buch kannst du dein Styling-Können langsam steigern und musst keine Angst vor Haarsalat haben:
Alle Frisuren sind kinderprobt!

Los geht's!
Deine

Jutta Biehmann

Freche Ratten-
schwänze

Twisted Pony

Lieb: Band
im Haar!

Ratz-Fatz-Frisuren

Easy Kranz

Zottelzopf

Edler Pferdeschwanz

Freie Sicht!

Diese Frisur ist prima für den Alltag und funktioniert am besten ohne oder mit einem etwas längeren Pony. Sie ist für jedes Haar geeignet, egal ob fein oder kräftig, glatt oder gelockt, kinn- oder schulterlang.

Kamm
2–4 Haarklammern
kleines Haargummi
3 kleine Haarclips
Haarspray

1 Kämme deine Haare gründlich und ziehe einen ordentlichen Scheitel. Drehe die vorderste Strähne wie eine Kordel immer nach außen (Stylisten nennen das „twisten").

2 Jetzt kannst du die Kordel über dem Ohr entlang nach hinten führen und mit einem bunten Spängchen an der Seite oder in der Mitte des Hinterkopfs feststecken.

3 Nun ist die andere Seite dran.

4 Sind deine Haare lang genug, kannst du sie mit einem Haargummi am Hinterkopf zusammenfassen.

Mamatipp

Partylook to go: Machen Sie einen Seitenscheitel und kneten Sie etwas Glitzergel in den langen Pony. Flechten Sie die Strähnen französisch aus dem Gesicht oder twisten Sie sie zur Seite. Stecken Sie die glitzernden Strähnen mit einer Glitzerspange fest. Glamour pur!

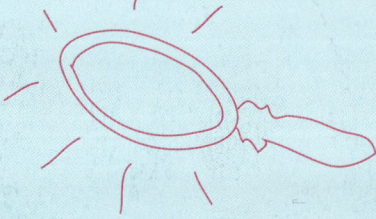

Bei einem Seitenscheitel reicht es auch, wenn nur eine Seite vom Scheitel aus über die Stirn getwistet wird.

Vorab sollten Sie die Länge des Haarbands prüfen und es bei Bedarf kürzen. Es sollte am Hinterkopf zusammengeführt werden. Wer möchte, kann auch die vorderen Strähnen nach hinten führen und am Hinterkopf mit ein paar hübschen Spangen fixieren.

RRRRRoaarrr

Gebändigt

Diese Frisur ist für jedes Haar geeignet, egal ob fein oder kräftig, glatt oder gelockt. Die Haarlänge sollte überschulterlang sein.

Bürste
Stielkamm
1–2 kleine Clips
4–6 Haarklammern
ggf. Schere
(zum Kürzen des Haarbands)

1 Für diese Frisur werden die Haare sorgfältig gebürstet und der Scheitel nach Belieben gezogen. Achte dabei auf Wirbel.

3 Dann nimmst du ein schönes Haarband und legst es vorsichtig am Kopf an. Lass dabei vorne auf beiden Seiten den Pony oder eine Haarsträhne heraus.

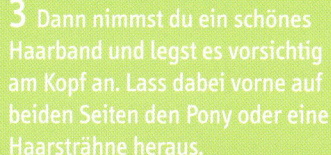

5 Hebe die abgeteilten Deckhaare an und lege die Enden des Haarbands darunter. Fixiere sie mit Haarklammern, am besten über Kreuz.

2 Nun teilst du etwa auf Ohrhöhe das Deckhaar ab und fixierst es vorsichtig mit kleinen Clips.

4 Damit es nicht verrutscht, wenn du es nach hinten bindest, nimmst du am besten ein paar Haarklammern und steckst das Haarband schon mal fest.

6 Wenn das Haarband sicher sitzt, kannst du die Deckhaare wieder darüber legen und vorsichtig bürsten.

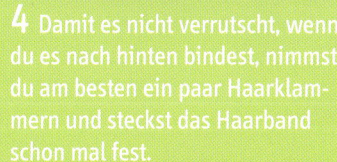

Rattenscharf

Hier kommt eine Frisur für die ganz Kleinen, super geeignet für den Kindergarten. Sie geht blitz-schnell, zieht nicht und die Haare sind für das Rumtoben aufgeräumt. Wir peppen die einfachen „Schwänzchen" mit einem tollen Zickzack-Scheitel auf!
Diese Frisur ist bei stufigem Haar nicht geeignet, da es ansonsten sein kann, dass sich das „Zickzack" auflöst und die Strähnen herausfallen!

Bürste
Stielkamm
2 Haargummis
2 große Clips

1 Das Kind, das du frisierst, dreht dir den Rücken zu, am besten sitzt sie auf einem Hocker. Zunächst werden die Haare gut durchge-bürstet.

2 Nun nimmst du einen Stiel-kamm und legst diesen flach am Oberkopf an, der Stiel zeigt nach unten. Jetzt mit dem Stiel in einer flüssigen Bewegung im Zickzack einmal rechts und einmal links entlang des Scheitels den Hinter-kopf nach unten fahren, dabei den Kamm nicht absetzen oder aus den Haaren herausziehen!

3 Wenn du am Nacken angekom-men bist, ziehst du den Kamm vorsichtig aus den Haaren heraus zu dir hin. Ziehe dabei behutsam das „gezickzackte" Haar mit den Fingern auseinander.

4 Fixiere eine Seite mit einem Clip und binde die andere Seite mit einem Gummiband auf Ohrenhöhe ab.

5 Dann auch den zweiten Ratten-schwanz abbinden. Wenn du magst, kannst du jeweils ein buntes Band um die Haargummis wickeln.

Warum heißen die denn RATTENschwänze? Die sind doch süüüüß!

Mamatipp

Wenn Ihre Tochter keinen Pony hat, kann man den Zick-zack-Scheitel auch von der Stirn beginnend nach hinten ziehen und dann die Zöpfe abbinden. Nur Mut! Der Zick-zack-Scheitel muss am Anfang nicht akkurat sein.

Wenn du glatte
Haare hast, kannst
du einzelne Sträh-
nen nach dem
Umwickeln noch
mit dem Locken-
stab bearbeiten,
sodass du dann
einen wippenden
50ies-Pferde-
schwanz hast!

Umgarnt

Hach, wie elegant! Du solltest vorab entscheiden, auf welcher Höhe der Abbund sitzen soll. Du kannst ihn entweder ganz oben auf dem Kopf befestigen, in der Mitte des Hinterkopfs oder auch im Nacken.

Bürste
Haargummi
2–3 Haarklammern
Haarspray
oder Haarwachs

1 Für diese Frisur werden die Haare sorgfältig aus dem Gesicht gebürstet und am Hinterkopf mit einem Abbund (Pferdeschwanz) befestigt.

2 Wenn alles gut befestigt ist, kannst du mit etwas Haarwachs oder -spray die herausstehenden Haare am Kopf fixieren, sodass alles glatt anliegt.

4 Das Ende dieses Zöpfchens kannst du nun mit ein paar Haarklammern befestigen, indem du sie unter das Haargummi schiebst.

5 … so sind die Klammern nämlich nicht mehr zu sehen und der Effekt ist besonders edel!

3 Jetzt nimmst du aus dem Abbund eine etwas dickere Strähne, flichtst daraus einen Zopf und wickelst diesen straff um das Haargummi, so lange, bis nur noch die Haarspitzen übrig sind: Lege immer abwechselnd die linke und die rechte äußere Strähne über die mittlere.

Mamatipp

Wer keine geflochtene Haarsträhne um den Abbund wickeln möchte, kann selbstverständlich auch eine glatte Haarsträhne nehmen. Diese reiben Sie am besten mit etwas Haarwachs ein, bevor sie um das Haargummi gewickelt und festgesteckt wird.

Wilde Mädels – wilde Zöpfe

Bürste
kleines Haargummi
ggf. Haarwachs

Wenn du einen Pony hast, egal ob gerade oder angeschrägt, kannst du diesen mit einer auffälligen Spange aus der Stirn halten!

1 Bevor du mit der Frisur beginnst, solltest du entscheiden, ob der Zopf nach hinten oder seitlich geflochten werden soll.

2 Nun werden die Haare gebürstet. Für einen „ungemachten" Look nimmst du die Haare mit den Händen nach hinten, statt sie zu bürsten. Verteile bei widerspenstigen Locken davor etwas Haarwachs in den Handflächen.

3 Etwa ab Ohrhöhe teilst du die Haare in drei gleichmäßige Strähnen. Nun legst du nacheinander jeweils die äußere Strähne über die mittlere. Wichtig: Ganz locker flechten und die Strähnen nicht zu fest anziehen!

4 Wenn du ungefähr vier bis fünf Mal geflochten hast, hältst du den Zopf locker mit einer Hand fest und ziehst mit der anderen Hand seitlich an den geflochtenen Strängen, sodass diese etwas auseinander gehen. Es macht übrigens nichts, wenn einzelne dünne Haarsträhnen ganz herausrutschen.

5 Nun einfach die nächsten vier Mal übereinander flechten und wieder die Stränge seitlich lockern.

6 Lass ruhig einige Zentimeter am Ende frei und binde deinen Zopf mit einem Gummi oberhalb der Haarspitzen ab. Nun kannst du bei Bedarf noch weitere Stränge lockern.

Mamatipp

Sie können statt der
normalen Zöpfe auch zwei
Fischgrätzöpfe flechten
und diese am Oberkopf
befestigen (erklärt auf
Seite 22).

Gretchenkranz

Nicht nur anlässlich von Wasen und Wiesen ist der einfache Kranz im Trend. Traditionen neu entdecken! Diese Frisur ist nicht geeignet bei stufigem Haar.

Kamm
1–2 große Clips
kleine Haargummis
10–15 Haarklammern

1 Beginne damit, dass du einen Mittelscheitel ziehst und die Hälfte der Haare mit einem großen Clip zur Seite nimmst.

2 Nun flichtst du die eine Seite oberhalb der Ohren zu einem Zopf und bindest diesen mit einem kleinen Haargummi am unteren Ende ab.

3 Jetzt machst du das Gleiche auf der anderen Seite.

4 Dann legst du einen der beiden Zöpfe quer über den Kopf und steckst ihn mit Haarklammern fest.

5 Achte darauf, dass die Haarspitzen und das Haargummi glatt aufliegen.

6 Jetzt wiederholst du dasselbe mit dem anderen Zopf!

7 Die beiden Zöpfe sollten direkt aneinanderliegen.

Festtagsfrisuren light

Französischer
Zopf

Pompös!

Kordeln am Kopf

Hier kommt eine easy Frisur für kinn- bis schulterlanges Haar – auch für Locken geeignet!

Toll mit viel Gel!

1 Die Haare werden sorgfältig nach hinten gebürstet. Nun teilst du fünf gleichmäßige Strähnen ab, die du mit dem Stielkamm von der Stirn aus der Länge nach nach hinten ziehst. Die einzelnen abgeteilten Strähnen kannst du mit Clips zwischenfixieren, damit sie dich beim Twisten nicht stören.

2 Am besten beginnst du mit der mittleren Strähne, denn bei dieser kannst du dich ganz leicht an der Nase orientieren. Drehe die Strähne wie eine Kordel immer in eine Richtung und führe sie dabei nach hinten. Wenn du Partyglamour möchtest, arbeitest du jetzt (Glitzer-) Gel ein.

3 Danach kommen die seitlichen Abteilungen dran: Twiste jede Strähne von der Stirn aus und führe sie dabei nach hinten. Etwa am höchsten Punkt des Kopfes befestigst du nun jede Strähne mit zwei Haarklammern, die du über Kreuz gegeneinander steckst. Achte darauf, dass die seitlichen Strähnen immer in die gleiche Richtung getwistet werden.

4 Zum Schluss kannst du die Kordelenden noch locker zu Schnecken drehen und mit Haarnadeln zwischen den Haarklammern befestigen.

5 ... und, wenn du magst, ein paar Blüten- oder Glitzer-Curlies einarbeiten!

Grandiose Gräte

Der Fischgrätzopf gehört zur Königsklasse der Flechtfrisuren und ist am besten mit viel Geduld und Übung herzustellen. Wer ihn an sich selbst macht, flicht ihn auf der Seite, wer einer Freundin hilft, kann ihn auch mittig am Hinterkopf flechten.

Bürste
Haargummi

1 Zunächst bürstest du das Haar. Mit den letzten Bürstenstrichen bürstest du alle Haare auf eine Seite oder nach hinten. Dann werden die Haare in zwei gleiche Teile geteilt.

3 Nun nimmst du außen vom anderen Haarstrang eine feine Strähne, führst sie über den restlichen Strang und legst sie in der Mitte an den anderen Strang. Gut festziehen!

2 In jeder Hand hältst du nun einen Haarstrang. Beginne damit, dass du außen eine ganz feine Strähne abtrennst und sie über den restlichen Haarstrang führst und in der Mitte an den anderen Haarstrang anlegst. Die Verbindung festziehen.

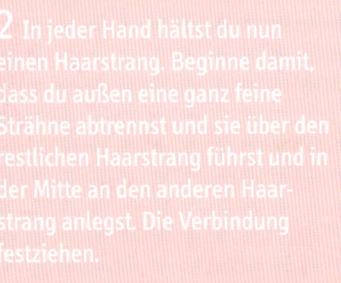

4 Wiederhole diese Arbeiten, bis du unten am Ende der Haarstränge angekommen bist.

5 Nun kannst du den Fischgrätzopf mit einem Haargummi abbinden.

Rechtshänder flechten sich den Zopf einfacher auf der linken Seite, Linkshänder auf der rechten! Du kannst den Zopf auch seitlich strähnenweise etwas lockern. Das ergibt einen noch natürlicheren, weicheren Look!

⌒ **Mamatipp**

Diese Frisur ist nichts für kleine
Zappellieschen. Wenn Ihr Kind nicht
gerne länger still sitzt, empfehle
ich, lieber eine andere Zopfvariante
auszuwählen!

Psssst!

Mon Amour

Der Französische Zopf ist DER Klassiker unter den Flechtfrisuren und gehört unbedingt zum Repertoire einer jeden Stylistin! Es ist nahezu unmöglich, sich diese Frisur selber zu machen: Lass sie dir flechten oder versuche es an einer guten Freundin.

Bürste
Stielkamm
Haargummi
ggf. Curlies

1 Die Haare werden streng aus dem Gesicht nach hinten gebürstet.

2 Dann trennst du oberhalb der Stirn, genau in der Mitte, eine Partie ab. Diese Strähne teilst du wiederum in drei gleiche Teile und beginnst, sie zu flechten.

3 Nachdem du von jeder Seite einmal geflochten hast, nimmst du zu jeder Strähne einen winzigen seitlichen Strang mit dazu und flichtst diesen zusammen mit der Strähne weiter.

4 Achte immer darauf, dass die seitlichen Stränge gleichmäßig sind. Verdrehen sie sich, müssen sie glatt gekämmt werden!

5 Binde den fertigen Zopf am unteren Ende mit einem Haargummi ab.

Mamatipp

Besonders festlich sieht dieser Französische Zopf aus, wenn Sie seitlich ein paar schöne Schmucksteine integrieren. Besonders haltbar sind „Curlies" (Schmuckspiralen). Um das Haargummi herum kann man prima eine schöne Schleife binden.

Prinzessin Leia

Diese „Bärenöhrchen" sind eine prima Frisur für den Sommer, den Strandurlaub oder die Ballettstunde. Alles sitzt felsenfest, kein Haar kitzelt im Nacken!

Bürste
Stielkamm
2 große Clips
2 Haargummis
10–15 Haar-
klammern

1 Die Haare werden mit einem durchgehenden Mittelscheitel geteilt und die eine Hälfte mit einem Clip fixiert, damit die Haare nicht im Weg sind. Profis machen einen Zickzack-Scheitel (siehe Seite 10).

2 Etwa auf Ohrhöhe bindest du die Haare zu Rattenschwänzen. Achte darauf, dass beide Abbunde auf gleicher Höhe sitzen, damit die Frisur nicht schief wird. Auch die Haarmenge sollte in etwa gleich sein.

Logo! Du kannst die Haarsträhne natürlich auch flechten!

3 Dann teilst du die Haarstränge in mehrere Strähnen auf und drehst jede Strähne so lange in eine Richtung, bis sie sich „kordelt".

4 Wenn die gesamte Strähne gekordelt ist, kannst du sie um den Abbund wickeln und mit Haarklammern feststecken.

5 Kordel die anderen Strähnen auf dieselbe Art und stecke sie um die bereits fixierte Strähne herum fest.

6 Nun machst du dasselbe auf der anderen Seite. Unbedingt wieder darauf achten, dass beide Seiten gleichmäßig gekordelt und festgesteckt sind.

Mamatipp

Diese Frisur ist klasse geeignet für das Schwimmbad oder den Strandurlaub. Verreiben Sie einfach Sonnencreme mit einem hohen Lichtschutzfaktor in den Händen und frisieren Sie mit diesen Cremehänden. So gehen die Haare Ihrer Tochter im Wasser nicht auf und sind vor Sonne und Salzwasser geschützt!

Donutdutt

Ob man sehr glatt und streng arbeitet oder die einzelnen Strähnen etwas toupiert, um mehr Volumen und Schwung in den Dutt zu bringen, sollte man je nach Anlass entscheiden. Wenn alle Haare hochgesteckt sind, kann man mittig oder seitlich eine große Blüte, eine schöne Haarspange oder Haarnadeln mit Schmucksteinen am Ende anstecken.

Bürste
Haargummi
Steckhilfe („Donut")
10–20 Haarklammern
10 Haarnadeln
bei Bedarf Haarschmuck

1 Binde die Haare zu einem hohen Pferdeschwanz am Oberkopf. Kleine Hilfe: Einfach den Kopf nach vorne kippen und dann die Haare zusammennehmen, so erreichst du den höchsten Punkt des Kopfes.

2 Sind die Haare abgebunden, nimmst du eine runde Steckhilfe, einen sogenannten „Donut". Diese Donuts gibt es in verschiedenen Größen und Farben. Idealerweise wählst du die Farbe, die am besten zur Haarfarbe passt, damit nachher nichts durchschimmert. Nun ziehst du den Abbund durch den Donut.

3 Stecke den Donut flach mit Haarnadeln am Kopf fest: Schiebe eine Haarnadel durch die untere Kante des Donuts und stecke sie entlang des Abbunds fest.

4 Fächere den Pferdeschwanz auf und lege die Haare über den Donut.

5 Nun legst du die Haare strähnenweise um den Donut und befestigst die Haare mit Haarklammern.

6 Arbeite dich rund um den Donut und lasse die Überstände glatt auf dem Kopf liegen.

7 Die Haarenden wickelst du nun um den Donut und steckst sie fest.

Haare weben?

schick & sportlic

WOW!

Märchenprinzessin!

Festtagsfrisuren für Profis

Ballerina

süüüß!

FRECH!

Miss Sporty

Nicht jedes Mädchen möchte eine romantische und verspielte Frisur. Für alle, die es auch bei großen Anlässen lieber etwas sportlicher mögen, ist das die perfekte Frisur. Achtung: Nichts für starke Stufen!

Bürste
Stielkamm
Haargummi
großer Clip
2–3 Haarklammern

1 Du teilst auf Ohrhöhe bis zum höchsten Punkt des Kopfes die gesamte vordere Haarpartie ab und fixierst sie mit einem Clip. Nun bürstest du alle restlichen Haare straff nach hinten und machst einen hohen Abbund.

4 Mit dem Zöpfchen umwickelst du das Gummiband, mit dem dein Pferdeschwanz fixiert ist (siehe auch Seite 12).

3 Wenn alle seitlichen Haarstränge verarbeitet sind, flichtst du den Zopf weiter ohne weitere Strähnen hinzuzunehmen.

2 Danach löst du den Clip und beginnst, von der Stirn her einen Französischen Zopf zu flechten (siehe auch Seite 24). Arbeite mit ganz kleinen Strähnen, die du nach und nach von der Seite zu deinem Zopf hinzunimmst.

Fräulein Weber

Das „Weben" der Haare erfordert Geduld, Finger-fertigkeit und viel Übung. Hier brauchst du unbedingt Unterstützung, denn es ist nahezu unmöglich, sich selbst eine Frisur zu weben. Diese Frisur ist nicht geeignet für lockige oder stufige Haare. Das Deckhaar sollte mindestens schulterlang sein.

Stielkamm
5 kleine Clips
5 Haarklammern
Haarspray

1 Bevor du beginnst, solltest du dir überlegen, an welcher Stelle des Kopfes der gewebte Teil sein soll. Beginne damit, dass du die Haare sorgfältig glattkämmst. Dann teilst du mit einem Stielkamm mindes-tens drei flache Strähnen ab. Die Strähnen sollten 1–2 cm breit sein. Zwischen den Strähnen musst du auch jeweils 1–2 cm Platz lassen.

5 Nimm von der vorderen Kontur eine Haarsträhne und führe sie unter den angehobenen Strähnen hindurch. Fixiere sie mit einem Clip.

3 Dann legst du die abgeteilten Strähnen darüber.

4 Nun nimmst du dir aus den Zwi-schenräumen wieder jeweils eine flache Strähne und hebst diese über der waagerechten Strähne an.

6 Webe solange weiter bis du an der vorderen Kontur keine Sträh-nen mehr hast. Befestige die Enden mit Blütenklammern.

2 Hebe nun die abgeteilten Strähnen an und führe eine ebenfalls 1–2 cm breite Strähne von der vorderen Kontur unter den abgeteilten Strähnen durch und befestige diese mit einem kleinen Clip. Achte besonders darauf, dass die einzelnen Strähnen ganz glatt sind (bei Bedarf zwischendurch kurz kämmen).

nichts für
Zappellieschen!

Wer mag, kann die Strähnen twisten!

Drei Wünsche frei

Diese edle Frisur ist sehr wirkungsvoll, dabei aber relativ leicht herzustellen. So bist du für jeden festlichen Anlass perfekt gestylt! Am besten gelingt sie, wenn du mindestens überschulterlange Haare hast. Es spielt keine Rolle, ob deine Haare glatt oder lockig sind. Je kräftiger die Haare sind, desto größer werden dann auch die Knoten.

Bürste
Stielkamm
2–4 große Clips
3 Haargummis
10–20 Haar-
klammern

1 Bürste das Haar nach hinten.

2 Teile die Haare quer in drei gleiche Segmente ein.

3 Nimm die oberen beiden Partien mit großen Clips zur Seite. Nun wird die unterste Partie in der Mitte des Hinterkopfs abgebunden.

4 Danach ist die mittlere Partie dran ...

5 ... dann die oberste. Achte dabei immer darauf, dass der Querscheitel von der darüber liegenden Partie verdeckt wird.

6 Wenn alle Partien abgebunden sind, kannst du damit beginnen, einzelne Strähnen abzuteilen und diese zu flechten.

7 Stecke den Zopf rund um den jeweiligen Abbund mit Haarklammern fest. Wunderhübsch!

Eine Krone
aus Haaren!

Die Krönung

Wenn du deine Haare gerne offen trägst, aber nicht möchtest, dass sie dir die ganze Zeit ins Gesicht hängen, dann ist diese Frisur genau das Richtige. Am besten gelingt sie mit gleichlangen Haaren, die mindestens überschulterlang sind. Auch solltest du keinen Pony haben.

1 Neige den Kopf auf eine Seite, dann kannst du alle Haare zur Seite bürsten.

2 Vom Ohr aus flichtst du einen lockeren Französischen Zopf. Wichtig ist, dass die Strähnen, die du von der Stirn aus mit dazu nimmst, ganz locker eingeflochten werden.

3 Wenn du etwa in der Mitte des Kopfes angelangt bist, kannst du den Kopf wieder in die normale Position bringen und die restlichen Haare einflechten. Auf Höhe der Stirn werden die Haare jetzt etwas aufgelockert.

4 Wenn du am anderen Ohr angekommen bist, flichtst du einfach den Zopf bis zu den Haarspitzen weiter ohne weitere Strähnen aufzunehmen und bindest ihn ab.

5 Dann legst du den geflochtenen Zopf über Kopf hinter das französisch geflochtene Stück.

6 Befestige den Zopf mit Haarklammern und -nadeln. Die Haarspitzen mit dem Gummi steckst du ganz einfach unter der Krone fest, damit das Schwänzchen nicht mehr sichtbar ist.

Wuscheldutt

Ein seitlicher Dutt ist überaus apart und kann beispielsweise mit einer großen Blüte verziert werden. Diese Frisur funktioniert sowohl bei glatten, als auch bei lockigen Haaren.

Bürste

Stielkamm

Haargummi

5–10 Haarnadeln

20 Haarklammern

Haarspray

ggf. Haarschmuck

1 Bevor du beginnst, überlege, wo du den Wuscheldutt platzieren möchtest. An dieser Stelle sollte auch der Abbund gemacht werden.

2 Nun teilst du den Pferdeschwanz in mindestens drei Stränge.

3 Teile den ersten Strang in drei Strähnen. Jede dieser Strähnen kannst du nun leicht antoupieren, dann wird die Frisur noch voluminöser! Flicht einen lockeren Zopf.

4 Wenn du unten an den Haarspitzen angekommen bist, hältst du das Ende locker mit einer Hand fest. Mit der anderen Hand nimmst du eine sehr dünne Strähne und hältst sie fest.

5 Nun schiebst du mit der anderen Hand den Zopf nach oben. Diesen „geschoppten" Zopf steckst du dann mit ein paar Haarklammern um den Abbund herum fest.

6 Dasselbe machst du nach und nach mit den anderen Strähnen.

7 Befestige abschließend etwas Haarschmuck rund um den Dutt.

DIY – frisier' dich selbst, Baby!

Mamatipp

Je mehr Haare Ihre
Tochter hat, desto
mehr Strähnen können
Sie abteilen und desto
fülliger wird am Ende
die Frisur.

Tausendschönchen

Diese Frisur ist prima geeignet für die Kommunion oder Konfirmation – oder für Blumenmädchen! Der Lockenkranz funktioniert bei jedem Haartyp: glatt oder gelockt, stufig oder gleich lang. Hauptsache das Haar ist überschulterlang.

Bürste
2 große Clips
Haargummi
Lockenstab
Hitzeschutzspray
Haarspray
ggf. Haarschmuck

1 Bürste das Haar und ziehe einen Mittelscheitel.

2 Flicht auf einer Seite die Haare seitlich über den Ohren entlang bis zur Mitte des Hinterkopfs zu einem Französischen Zopf.

3 Befestige den Seitenzopf mit einem Clip. Dann bearbeitest du die andere Seite auf dieselbe Weise.

4 Beide Zöpfe am Hinterkopf zusammenfassen und mit einem bunten Haargummi umwickeln.

5 Drehe Strähne für Strähne mit dem Lockenstab zu Traumlocken.

Piep,
piep ...

Kopfüber ins Glück

Hier brauchst du Unterstützung, denn der „umge-kehrte Zopf" ist alleine etwas schwierig! Diese Frisur funk-tioniert sowohl bei glatten, als auch bei lockigen Haaren.

Bürste
Stielkamm
Haargummi
3 große Clips
5 Haarnadeln

1 Das Deckhaar wird quer von Ohr zu Ohr gescheitelt und mit großen Clips zwischenfixiert.

2 Bürste deine Haare kopfüber. Jetzt musst du unbedingt den Kopf nach unten hängen lassen, bis der Zopf komplett geflochten ist.

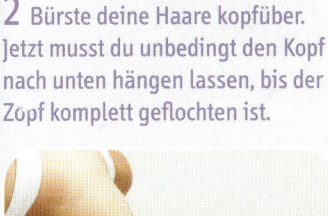

3 Vom Nacken aus wird ein gleich-mäßiger Französischer Zopf bis zum Oberkopf geflochten.

4 Fixiere den Zopf mit einem Clip oder einem kleinen Haargummi. Jetzt kannst du mit dem Kopf wie-der hochkommen und die vordere Partie zu einem hohen Pferde-schwanz abbinden.

5 Der abgebundene Pferde-schwanz kann nun auf verschie-dene Arten zum Dutt gesteckt werden: Du kannst ihn flechten, twisten oder über einen kleinen Donut ziehen. Wenn du Lust hast, kannst du aber auch mit einem Lockenstab die einzelnen Strähnen bearbeiten und sie als luftigen Lockendutt feststecken.

6 Wickle abschließend den Zopf rund um den Dutt und stecke ihn vorsichtig darunter fest.

Was wofür?

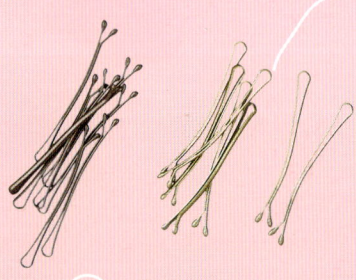

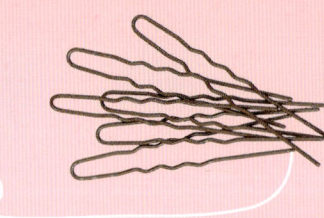

Haarklammern benutzt man, um eine Strähne oder ein Haarband am Kopf zu befestigen. Bei schweren Haaren am besten über Kreuz feststecken.

Mit **Haarnadeln** befestigt man bereits fixierte Strähnen punktgenau.

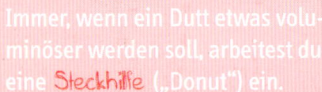

Immer, wenn ein Dutt etwas voluminöser werden soll, arbeitest du eine **Steckhilfe** („Donut") ein.

Mit der **Bürste** bereitest du deine Haare optimal vor. Außerdem bekommen die Haare vom Bürsten einen schönen Glanz.

Deine Frisur kannst du mit etwas **Haarspray** noch haltbarer machen. Achtung: Nicht in die Augen sprühen!

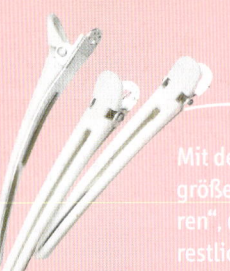

Mit den großen **Clips** kann man eine größere Haarmenge „zwischenfixieren", damit sie beim Frisieren der restlichen Haare nicht im Weg ist. Mit den kleinen Clips hält man eine kleinere Haarmenge. Sie sind meist nicht sehr schön und werden nur fürs Arbeiten verwendet.

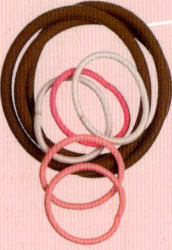

Haargummis gibt es in klein und groß. Damit bindet man Zöpfe ab, entweder direkt am Kopf als Abbund, oder nach dem Flechten an den Haarenden.

Der **Stielkamm** ist ein Tausendsassa! Mit dem Stiel kannst du perfekt einzelne Haarpartien abteilen oder saubere Scheitel ziehen. Die Kammseite benutzt du zum Kämmen einzelner Haarsträhnen. Vorsicht bei Locken: Hier kämmst du stufenweise von den Spitzen zum Ansatz, damit keine Knötchen entstehen!

Buchtipps für dich:

TOPP 4099
ISBN 978-3-7724-4099-1

TOPP 5676
ISBN 978-3-7724-5676-3

TOPP 5718
ISBN 978-3-7724-5718-0

TOPP 5714
ISBN 978-3-7724-5714-2

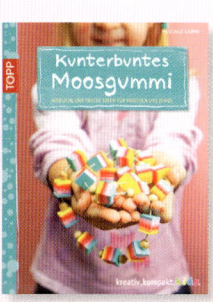

TOPP 4109
ISBN 978-3-7724-4109-7

TOPP 5687
ISBN 978-3-7724-5687-9

TOPP 5873
ISBN 978-3-7724-5873-6

TOPP 5686
ISBN 978-3-7724-5686-2

Nach einer kaufmännischen Fremdsprachenausbildung und mehreren Jahren Bürotätigkeit hat **Jutta Diekmann** im Jahre 1999 eine Ausbildung zur Visagistin absolviert. Es folgten zahlreiche Weiterbildungen zum Make-up Artist, speziell im Bereich Langhaarfrisuren. Seit 2002 betreibt Jutta Diekmann sehr erfolgreich ein eigenes Studio für Make-up, Kosmetik und Hairstyling in Ludwigsburg. Seitdem arbeiten sie und ihr Team auch in den Bereichen Fotoshootings, Events, Laufsteg und Fernsehmaske. Im Privatkundenbereich hat sich das Team auf Hochzeitsstylings und Schminkkurse spezialisiert. 2005 gründete sie die Visagistenschule „Diekmann Face Art Academy", an der jeder Interessierte Kurse in den Bereichen Make-up und Hairstyling belegen kann. Nähere Infos unter www.diekmann-faceart.de

DANKE!

Die Redaktion dankt den Models Lou, Amelie, Annelie, Emma, Mia, Shiendy, Lea, Ilaria, Angelina, Melina, Melissa, Emilia, Maja, Luisa und Sophie für das großartige Shooting.
Danke auch an Vanessa und Katharina aus dem Diekmann Face Art Team!

Vielen lieben Dank an die Basler Haar-Kosmetik GmbH & Co. KG, Bietigheim-Bissingen, für die freundliche Unterstützung.

KREATIV-HOTLINE

Hilfestellung zu allen Fragen, die Materialien und Bastelbücher betreffen:
Frau Erika Noll berät Sie. Rufen Sie an oder schreiben Sie eine E-Mail!

Telefon: 0 50 52 / 91 18 58*   **E-Mail: mail@kreativ-service.info**
*normale Telefongebühren

IMPRESSUM

FOTOS: frechverlag GmbH, 70499 Stuttgart, lichtpunkt, Michael Ruder, Stuttgart
STYLINGASSISTENZ: Vanessa Costeira und Katharina Trefz; Diekmann Face Art
PRODUKTMANAGEMENT UND LEKTORAT: Anja Detzel
LAYOUT UND HERSTELLUNG: Julia Fink
DRUCK UND BINDUNG: GPS Group GmbH, Österreich

5. Auflage 2016
© 2014 frechverlag GmbH, 70499 Stuttgart
ISBN 978-3-7724-5682-4 • Best.-Nr. 5682